BEI GRIN MACHT SICH IHR WISSEN BEZAHLT

Nils Priewe

Friedrich Nietzsche und die Tradition des europäischen Aphorimus

GRIN Verlag

Bibliografische Information der Deutschen Nationalbibliothek:

Die Deutsche Bibliothek verzeichnet diese Publikation in der Deutschen National-
bibliografie; detaillierte bibliografische Daten sind im Internet über http://dnb.d-
nb.de/ abrufbar.

Dieses Werk sowie alle darin enthaltenen einzelnen Beiträge und Abbildungen
sind urheberrechtlich geschützt. Jede Verwertung, die nicht ausdrücklich vom
Urheberrechtsschutz zugelassen ist, bedarf der vorherigen Zustimmung des Verla-
ges. Das gilt insbesondere für Vervielfältigungen, Bearbeitungen, Übersetzungen,
Mikroverfilmungen, Auswertungen durch Datenbanken und für die Einspeicherung
und Verarbeitung in elektronische Systeme. Alle Rechte, auch die des auszugsweisen
Nachdrucks, der fotomechanischen Wiedergabe (einschließlich Mikrokopie) sowie
der Auswertung durch Datenbanken oder ähnliche Einrichtungen, vorbehalten.

Impressum:

Copyright © 2007 GRIN Verlag GmbH
Druck und Bindung: Books on Demand GmbH, Norderstedt Germany
ISBN: 978-3-638-83751-4

Dieses Buch bei GRIN:

http://www.grin.com/de/e-book/78305/friedrich-nietzsche-und-die-tradition-des-
europaeischen-aphorimus

Inhaltsverzeichnis

1. Einleitung

Diese Ausarbeitung des Referats „Friedrich Nietzsche und die Tradition des europäischen Aphorismus" soll einen Überblick über die Entwicklung und Tradition des Aphorismus, dieser kleinen literarischen Form und Gattung, ermöglichen. Anschließend soll geprüft werden, wie Nietzsche zur Tradition steht. Dabei wird zuerst die europäische Tradition (Entwicklung) der aphoristischen Form dargestellt und in einem zweiten Teil der Versuch unternommen, Nietzsches Aphorismen in diese Tradition einzuordnen.

2. Der Aphorismus

Die gattungsästhetische Kunstform des Aphorismus - wie sie uns heute als kurzer, sinnhafter, prägnanter Ausspruch bekannt ist - bildet sich erst im Laufe einer langen Entwicklung heraus.[1] Wenn man in diesem Sinne von einer langen Entwicklung spricht, impliziert dies bereits das Vorhandensein einer Tradition, also in diesem Fall die Weitergabe und Herausbildung einer bestimmten Form und Gestalt des Aphorismus über einen langen Zeiträume hinweg. Das Wort *Aphorismus* als Gattungsbezeichnung hat sich außerdem erst in jüngerer Zeit, etwa zu Beginn des 20. Jahrhunderts, durchgesetzt. Bis dahin existierte es neben Bezeichnungen wie Maximen, Sentenz, Essay (Essai), Reflexionen oder auch Fragment.

Die Bedeutungsgeschichte des Wortes und die Geschichte der Gattung verlaufen dabei weitgehend voneinander unabhängig, wie Franz Mautner in „Der Aphorismus als literarische Gattung"[2] verdeutlicht. Demnach trage das Wort *Aphorismus* „als einzige literarische Gattungsbezeichnung zumindest zwei Begriffs- und Vorstellungsgruppen, von denen die eine der allgemein wissenschaftlichen, schriftstellerischen, die andere der spezifisch poetischen Terminologie"[3] angehöre.

Da Mautners Bestimmung „poetisch" verwirren mag, sollen im folgenden besonders zwei Einflüsse und Entwicklungen berücksichtigt werden: da wäre erstens der wissenschaftliche Einfluss, vor allem im Zusammenhang mit der antiken Medizin, und zweitens die literarische Entwicklung der aphoristischen Form.

---

[1]vgl. Paul Merker, Wolfgang Stammler: Reallexikon der deutschen Literaturgeschichte, Bd. 1, 2. Auflage, Berlin 2001, S. 94.
[2]Franz H. Mautner: Der Aphorimus als literarische Gattung. In: Der Aphorismus. Zur Geschichte, zu den Formen und Möglichkeiten einer literarischen Gattung. Hrsg. von Gerhard Neumann, Darmstadt 1976.
[3]ebd., S. 22.

2.1 Der wissenschaftliche Einfluss

Das Wort *Aphorismus* (15. Jh.) stammt aus dem Griechischen, *aphorizein* „abgrenzen, trennen, ab-, aussondern, auswählen", aus *apo* „ab, weg" und *horismus* „Begrenzung, Bestimmung, bes. Begriffsbestimmung", zu *horizein* „begrenzen, bestimmen", zu *horos* „Grenze" und meint einen kurzen und treffend formulierten in sich geschlossenen Gedanken.[4] Die Wurzeln des Begriffs sind also im Griechischen zu finden, genauer im Bereich der antiken Medizin und Naturwissenschaft. Hauptwerk der griechischen Aphoristik ist das Corpus Hippokratikum, ein Werk des berühmtesten Arztes der Antike, dem Begründer der Medizin als Wissenschaft, Hippokrates von Kos. Hier bezeichnet das Wort kurze, medizinische Einzelerkenntnisse und -ratschläge.[5] An dieser Stelle wird deutlich, dass der Begriff Aphorismus wissenschaftlich beeinflusst ist, und es drängt sich die Vermutung auf, dass dieser Einfluss den Begriff nachhaltig geprägt haben muss.

Weiter „ist zu vermuten, daß mit der hippokratischen Tradition auch die Sprachform des wissenschaftlichen Aphorismus fortgesetzt wurde, so im *Regimen sanitatis Salernitanum*..."[6], einem Werk aus der berühmten Medizinschule von Salerno, das gemeinhin auf Johannes von Mailand zurückgeführt wird und von dem man vermutet, dass es aus dem 11. oder 12. Jahrhundert stammt. Ein genaues Verfassungsdatum ist nicht bekannt. Im *Regimen sanitatis Salernitanum* werden in Versform gesundheitliche Ratschläge erteilt, zuerst in Latein und dann in Deutsch. Ein Beispiel[7]:

Qui fluxum pateris, si non caueas, morieris,
Concubitum, niminum potum, cum frigore motum.

Wer den Durchlauf hat und sich nicht enthelt /
Von Frauen / vielen sauffen / und von Gelt /
Und sein Leib bewegt in eil /
Der wird gewieß dem Todt zu theil.

Hier ließe sich sicher streiten, ob es sich bei diesem Werk um ein Aphoristisches handelt, allein schon aus dem Grund, da es in Versform konzipiert ist. Dennoch, im *Regimen* sind kurze, prägnante medizinische Lehrverse verfasst und damit steht es in der Tradition des Corpus Hippokratikum.

„Der wissenschaftliche Einfluss auf das Wort Aphorismus wirkt sich noch lange Zeit aus, so in berühmten Dante-Versen (Paradiso XI, 1-9), im Französischen seit dem 14. (s. Schalk, S.

---

[4] Herkunftswörterbuch. Herkunft, Geschichte und Bedeutung der Wörter. Sonderausgabe. Gütersloh 2005.
[5] vgl. Paul Merker, Wolfgang Stammler: Reallexikon der deutschen Literaturgeschichte, Bd. 1, S.94.
[6] Ebd. S.94.
[7] In: Regimen Sanitatis Salernitanum.

134 f.), im Englischen seit dem 16. Jahrhundert (s. Oxford Dictionary I, 384), und noch in den Aphorismi de cognoscendis et curandis morbis von Herman Boerhave (1708) sowie vereinzelt sogar bis gegen Ende des 19. Jahrhunderts."[8] Dies zeigt, dass ein Aphorismus über Jahrhunderte hinweg mit „medizinischen Lehrsätzen" in Verbindung gebracht wurde. Die traditionelle, antike Prägung des Wortes durch die Medizin hat also Tradition und wirkt sich vereinzelt noch bis heute aus.

2.2 Der Aphorismus als literarische Gattung

Bisher wurde gezeigt, dass die Bedeutung des Wortes „Aphorismus" durch dessen Entstehung und Gebrauch in der antiken Medizin nachhaltig geprägt worden ist. Allerdings liegen auch die Wurzeln des Aphorismus als literarische Form in der Antike, doch war die Prägung „wissenschaftlich" zuerst nachhaltiger als die literarische Prägung, denn die wissenschaftliche Prägung hat sich im Sprachgebrauch erst einmal besser durchsetzen können.

Nichtsdestoweniger sind bereits bei Hippokrates medizinische- mit Lebenslehren verbunden und der Wille zu thematischer Kürze zu erkennen. *Vita brevis – ars longa...* - der wohl bekannteste (erste) Satz des Corpus Hippokratikum verdeutlicht dies sehr gut. Allerdings ist er dem Kontext einer längeren Passage entnommen (hier in deutscher Übersetzung)[9]:

Das Leben ist kurz, die Kunst lang; die Gelegenheit
flüchtig; der Versuch gefährlich; die Beurtheilung
schwierig. Es genügt nicht, dass wir Aerzte das Er-
forderliche leisten: der Kranke selbst und seine Um-
gebung, eben so wie die äussern Umstände müssen,
jeder das Seinige, zur Erreichung des Zweckes beitragen.

Der erste Satz genügt sogar schon unserer heutigen Vorstellung eines Aphorismus: thematisch kurz, prägnant, stilistisch kunstvoll und der Abschluss eines Gedankens. Zudem sieht man hier, dass sich schon die früheste Form des Aphorismus nicht auf den wissenschaftlichen oder medizinischen Themenbereich (Satz zwei) beschränkt, sondern dem medizinischen Ratschlag Philosophisches voranstellt (Satz eins). Wie man sieht, beschränken sich Aphorismen von Beginn an nicht nur auf die Medizin, sondern greifen auf andere Themengebiete über. Diese Tendenz wird in der fortlaufenden Entwicklung verstärkt.

---

[8]Paul Merker, Wolfgang Stammler: Reallexikon der deutschen Literaturgeschichte, Bd. 1, S.94.
[9]Clemens von Bönninghausen:Aphorismen. Die Aphorismen des Hippokrates nebst der Glossen eines Homöopathen. Hrsg. von C. v. Bönninghausen, Leipzig 1863, S. 3.

2.2.1 Die europäische Tradition des Aphorismus

„Die Geburtsstunde des modernen Aphorismus ist die Renaissance. Er wird Sprachform des Neubeginns, Eigensinns und Widerspruchs gegen die Tradition."[10] Als Tradition galt bis dahin die Scholastik, die streng deduktive Wissenschaft. Erasmus von Rotterdam (ca. 1466 – 1536) verlässt die deduktive Vorgehensweise in seinen *Adagia*, einer Sammlung lateinischer Redensarten.

Dieses Werk ist zwar kein Aphoristisches, aber es hat aphoristische Züge: jedem Kapitel wird eine lateinische Redensart vorangestellt, die dann anschließend erörtert wird.

Zwei Beispiele[11]:

1. Man muss entweder als König oder als Narr geboren sein.
2. Das Jahr macht die Ernte, nicht der Acker.

Den vorangestellten Sprichwörtern folgen dann ausführliche Erläuterungen. Die Sprichwörter sind vielleicht keine Aphorismen im heutigen Sinne, dennoch haben sie aphoristische Eigenschaften: sie sind das Ende einer Gedankenkette, sie sind kurz, prägnant und geistreich. Das erste Beispiel könnte auch als sarkastische Sozialkritik angesehen werden.

Wie man hier sieht, entwickelt sich der Aphorismus thematisch weiter; es kommen neue - beispielsweise ethische - Inhalte hinzu.

Die thematische Erweiterung der Form ist auch bei Francis Bacon und William Hazlitt erkennbar.„Bacon, ein rundes Jh. später, ist der Erste, der den Aphorismus als Form wissenschaftlicher Mitteilung dem systematischen Denken entgegensetzte. Fortan wird am A. sichtbarer seine krit., entlarvende, auflösende und andererseits auffindende und grundschaffende Funktion."[12] Allerdings muss bei Bacon (1561 – 1626)[13] deutlich gesagt werden, dass seine Essays wieder nicht ausschließlich Aphorismen enthalten. Trotzdem finden sich viele aphoristische Aussagen, hier einige Beispiele[14]:

- Die Hoffnung ist ein gutes Frühstück, aber ein schlechtes Abendbrot.
- Die Wahrheit ist eine Braut ohne Aussteuer.
- Wissen ist Macht.
- Fürsten sind mit Himmelskörpern zu vergleichen, die gute und böse Zeiten verursachen, große Verehrung genießen, aber keine Ruhe haben.

---

[10]Paul Merker, Wolfgang Stammler: Reallexikon der deutschen Literaturgeschichte, Bd. 1, S. 94.
[11]Erasmus von Rotterdam: Adagia. Lateinisch, deutsch, Reclam 2000, S. 69-75 und 28-31.
[12]Paul Merker, Wolfgang Stammler: Reallexikon der deutschen Literaturgeschichte, Bd. 1, S. 94.
[13]www.luminarium.org
[14]www.aphorismen.de

Bacon ist aber nicht der einzige Engländer, der in seinen Essays aphoristische Elemente nutzt. William Hazlitt (1778 – 1830)[15] führt diese Tradition gewissermaßen fort, auch wenn in seinen Werken das Aphoristische nicht so zum Ausdruck kommt wie bei Bacon, da man hier vergebens nach kurzen, abgegrenzten Sätzen sucht. Hazlitts Texte sind eben Essays , trotzdem lassen sich aphoristische Sätze finden, z.B.[16]:

- A wise traveler never despises his own country.
- An honest man speaks the truth, though it may give offence; a vain man, in order that it may.
- A hair in the head is worth two in the brush.

An den Beispielen von Hazlitt und Bacon lässt sich sehen, dass die Aphorismen eine neue Qualität dazu gewinnen: „das Individualurteil, das der empirischen und psychologischen Erfassung der Welt entspricht und die humorvolle und satirische Menschenbeurteilung der englischen Empfindsamkeit spiegelt.“[17] Dieser Ansatz wird hier bei den Beispielen Hazlitts deutlicher als bei Bacon. Doch zeigt das vierte Beispiel von Bacon, dass sich der Autor hier mit gesellschaftlichen Zuständen auseinandersetzt, allerdings ohne dabei eine wertende Position einzunehmen. Dies erinnert an die Tradition der Moralisten.

Es sind nämlich französische Moralisten, die für die Ausprägung der Form, wie sie uns heute bekannt ist, sorgen. „Für die gestaltästhetische Betrachtungsweise ist dabei die Leistung der Franzosen von größter Bedeutung: sie sind es, die den Aphorismus zum Rang eines bewußt gepflegten Typus erhöhen und den Kreis der stilistischen Möglichkeiten abschreiten.“[18]

Als wichtige Vertreter des französischen Moralismus gelten Michel de Montaigne (1533 – 1592)[19] und Francois de La Rochefoucauld (1613 – 1680)[20]. Sie sind aber auch - vor allem La Roche-foucauld - für die Herausbildung der aphoristischen Form von großer Bedeutung.

In Montaignes Essais[21] finden sich viele Aphorismen. Montaigne handelt dabei die verschiedensten Bereiche des Lebens in meist kurzen Paragrafen ab (*Über die Unsicherheit der Urteile, Über die Gesprächs- und Diskussionskunst, Über die zwischen uns bestehende Ungleichheit, Über die Eitelkeit*, ect.), wodurch beim Leser ein aphoristischer Eindruck erweckt wird.

Hier zwei Beispiele:

---

[15]www.williamhazlitt.org
[16]www.brainyquote.com
[17]Paul Merker, Wolfgang Stammler: Reallexikon der deutschen Literaturgeschichte, Bd. 1, S.95.
[18]ebd. S.94/95.
[19]www.michel-montaigne.de
[20]www.zitate-online.de
[21]Michel de Montaigne: Essais. Erste Moderne Gesamtübersetzung von Hans Stilett. Hrsg. v. Hans Magnus Enzenberger, Frankfurt a.M. 1998.

Der Mensch ist Mensch und weiter nichts, und taugt einer von Natur aus wenig,

kann auch seine Herrschaft über die Welt ihn nicht tauglicher machen.[22]

¶ Beim Abschied wird die Zuneigung zu den Sachen, die uns lieb sind, immer ein wenig wärmer.[23]

In seinen *Essais* finden sich also eindeutig aphoristische Elemente, das Werk ist aber wieder nicht komplett aphoristisch. Dafür geht der Autor auch viel zu systematisch vor: ein Thema wird Schritt für Schritt analysiert und oft sind ganze Passagen nach dem Frage-Antwort-Prinzip aufgebaut. Aphoristisches Denken ist jedoch unsystematisch. Zudem wird viel erläutert: „Aber die Erläuterung ist der Tod des Aphorismus."[24]

Anders verhält sich dies bei La Rochefoucauld. Seine *Réflexions ou sentences et maximes morales* (*Sätze aus einer höheren Welt- und Menschenkunde*) sind ein komplett aphoristisches Werk. Die darin enthaltenen Aphorismen entsprechen nach Aufbau und Form unserem heutigen Verständnis, wie ein Aphorismus geschaffen sein sollte: „Was ... insbesondere von Larochefoucauld geschaffen worden ist, hat eine Art kanonischer Bedeutung erhalten und gilt als Muster."[25] Hier einige Beispiele:

- Der Vorsatz, nie zu betrügen, bringt uns in Gefahr, oft betrogen zu werden.[26]

- Lieber sagt man Böses von sich als gar nichts.[27]

- Wie es der Charakter großer Geister ist, viel Sinn in wenig Worte zu legen, so ist es die Gabe kleiner, viel zu sprechen und nichts zu sagen.[28]

Das gesamte Buch besteht aus vielen solchen kleinen Sätzen. Wenn sich zu seiner Zeit der Begriff „Aphorismen" für diese Form und diesen Stil bereits durchgesetzt hätte, dann hätte La Rochefoucauld sein Werk vielleicht auch so betitelt. Dies war aber nicht der Fall und so nutzt er die seinerzeit bekannten Ausdrücke *réflexions, sentences, maximes*. Hier kommt zum Ausdruck, dass noch bis La Rochefoucauld Unsicherheit über die Definition dieser Stilform herrschte.

Von Bedeutung ist hier, dass seine Aphorismen bereits alle Merkmale erfüllen, wie sie heute für einen Aphorismus charakteristisch sind: der Abschluss einer Gedankenkette, kurz, prägnant, geistreich und es folgen auch keine weiteren Erläuterungen – der Autor überlässt dem Leser das Denken, die Sätze dienen der Anregung dazu.

---

[22]ebd. S.134.

[23]www.aphorismen.de

[24]Ralph-Rainer Wuthenow: Europäische Bücher, europäische Luft. Friedrich Nietzsche und die Tradition der europäischen Moralistik. In: Für einen realen Humanismus. Festschrift zum 75. Geburtstag von Alfred Schmidt, hrsg. v. Wolfgang Jordan und Michael Jeske, Frankfurt a.M. 2006, S. 200.

[25]Paul Merker, Wolfgang Stammler: Reallexikon der deutschen Literaturgeschichte, Bd. 1, S.95.

[26]Da la Rochefoucauld: Sätze aus einer höheren Welt- und Menschenkunde. Aphorismen deutsch hrsg. von Friedrich Schulz, Frankfurt a.M. und Wien 2000, S. 29.

[27]ebd. S.32.

[28]ebd. S.33.

Wie bisher dargestellt wurde, haben Aphorismen in Europa eine lange Tradition und das Wort und die Form eine lange Entwicklung hinter sich. Und sicher wurde bisher nicht alles gesagt, denn da wäre z.B. noch die Entwicklung in Spanien zu nennen. Baltasar Gracián (1601 – 1658)[29] verfasst im *Hand-Orakel und Kunst der Weltklugheit* ebenfalls aphoristische Texte. Hier ein Beispiel:

Herz und Kopf: die beiden Pole der Sonne unserer Fähigkeiten: eines ohne das andere, halbes Glück. Verstand reicht nicht hin; Gemüth ist erfordert. Ein Unglück der Thoren ist Verfehlung des Berufs im Stande, Amt, Lande, Umgang.[30]

Bei den Moralisten wäre ebenfalls noch der Franzose Chamfort (1741 – 1794)[31] zu erwähnen, auf den hier bisher nicht eingegangen wurde, der aber auch eine Vielzahl von Aphorismen verfasste. Fest steht, dass die Tradition so groß ist, dass sie auf wenigen Seiten nur schwer zu erfassen ist: *papyrus brevis – ars longa!*

2.2.2 Die Entwicklung und Tradition des deutschen Aphorismus

„Der Begründer des deutschen Aphorismus ist Georg Christoph Lichtenberg; er steht, trotz formaler Abhängigkeit von Montaigne, nach Anlage und Bildung in der Tradition der Engländer."[32] In seinen *Sudelbüchern* hält Lichtenberg (1742 – 1799)[33] Gedanken in aphoristischer Form fest. Jeder Gedanke erhält einen eigenen freistehenden Absatz und wird nummeriert – wie später auch bei Nietzsche – wodurch der aphoristische Eindruck verstärkt wird. Zudem findet sich an einigen Stellen eine Überschrift oder das Thema vor einem Aphorismus; dieses Stilmittel wird Nietzsche später nutzen.

Doch auch in den *Sudelbüchern* stehen die vielen Aphorismen neben gewöhnlichen Gedanken, Ideen oder persönlichen Anmerkungen. Es ist offensichtlich sehr selten, dass ein Autor ein rein aphoristisches Werk verfasst. Von den bisher genannten war dies nur bei La Rochefoucauld der Fall.

Kennzeichnend für Lichtenbergs Aphorismen ist eine oft ironische Formulierungsweise (was in dem bekannten Aphorismus *Der Amerikaner, der den Kolumbus entdeckte, machte eine böse Entdeckung* gut zum Ausdruck kommt) und die scharfe Beobachtung menschlichen Verhaltens. Einige Beispiele, bei denen man wegen der Nummerierung auf eine Angabe der Seitenzahl verzichten kann:[34]

---

[29]www.balthasar-gracian.de
[30]www.balthasar-gracian.de/balthasar_gracian_texte.php
[31]www.unmoralische.de/zitate2/Chamfort.htm
[32]Paul Merker, Wolfgang Stammler: Reallexikon der deutschen Literaturgeschichte, Bd. 1, S.95.
[33]http://gutenberg.spiegel.de/autoren/lichtenb.htm
[34]Georg Christoph Lichtenberg: Die Aphorismenbücher, hrsg. Von Albert Leitzmann, Frankfurt a.M. 2005.

(103) Der Mensch kommt allen Thieren auf der Welt dem Affen am nächsten.

(111) Ein Buch ist ein Spiegel, wenn ein Affe hineinsieht, so kan kein Apostel heraus gucken.

(937) ANFANG DER SCHRIFT. Ob ich gleich gegen den neuen Plan meiner Gegner...

In den Aphorismen 103 und 111 erkennt man wieder den ironischen, fast schon sarkastischen Stil Lichtenbergs. Der Satz 937 hingegen ist wohl kaum ein Aphorismus, sondern ein erörternder Satz des Buches. Er soll jedoch exemplarisch für die Einführung des oben genannten Stilmittels gelten, das sich dann auch Nietzsche zu eigen macht: den Inhalt eines Aphorismus durch eine Überschrift vorwegzunehmen bzw. anzukündigen.

Auch der vielleicht bekannteste deutschsprachige Dichter und Schriftsteller, Johann Wolfgang Goethe (1749 – 1832) hat sich in seinem 1833 postum veröffentlichten Werk *Maximen und Reflexionen* der aphoristischen Form bedient. Im Titel taucht das Wort Aphorismus oder Aphorismen wieder nicht auf. Dies könnte darauf hindeuten, dass sich der Begriff für diese Stilform noch immer nicht durchgesetzt hat, oder dass sich Goethe bewusst in die Tradition der *Réflexions ou sentences et maximes morales* von La Rochefoucauld stellen wollte.

Themen sind Goethes Lebenserkenntnisse, der Glaube an die Anwesenheit Gottes in der Natur, das Baugesetz der Welt und seine Lehre von den Urphänomenen.[35] Oft geht es aber auch um Menschen und um menschliches Verhalten. Nun einige Beispiele[36]:

> 12. Durch nichts bezeichnen die Menschen mehr ihren Charakter als durch das, was sie lächerlich finden.
>
> 15. Der Verständige findet fast alles lächerlich, der Vernünftige fast nichts.
>
> 127. Der Schnee bleibt eine erlogene Reinlichkeit.
>
> 167. Wir alle leben vom Vergangenen und gehen am Vergangenen zu Grunde.
>
> 361. Allen andern Künsten muß man etwas vorgeben, der griechischen allein bleibt man ewig Schuldner.

Allein die Tatsache, dass der große Goethe auch Aphorismen verfasst hat, wird der Form weiteren Auftrieb verschafft haben. Jedenfalls gelingt dem Wort „Aphorismus" im 19. Jahrhundert eine Art Durchbruch: „Das Wort Aphorismus, das als Adjektiv seit Ende des 18. Jh. in Übung war, bürgert sich durch Schopenhauers *Aphorismen zur Lebensweisheit* ein, die selbst einer anderen Stilart angehören."[37]

Im 19. Jahrhundert angelangt kommt nun Friedrich Nietzsche (1844 – 1900) ins Spiel, in dessen Werken sich viele Aphorismen finden. Doch Nietzsche ist nur in bestimmten Schaffensphasen Aphoristiker. „Kein Zeifel, Nietzsche drängt zum Aphorismus..., aber die

---

[35] vgl. Paul Merker, Wolfgang Stammler: Reallexikon der deutschen Literaturgeschichte, Bd. 1, S.95.

[36] Beispiele entnommen aus: Maximen und Reflexionen. Von Johann Wolfgang Goethe, Frankfurt a.M. und Leipzig 2003.

[37] Paul Merker, Wolfgang Stammler: Reallexikon der deutschen Literaturgeschichte, Bd. 1, S.95.

eigentlich aphoristischen Schriften gehören in die mittlere Phase seiner schriftstellerischen Existenz zwischen der Basler Professur und dem Zarathustra, das sind die zwei Bände *Menschliches, Allzumenschliches* (in drei Teilen), *Morgenröthe* und *Die fröhliche Wissenschaft*, sodann noch, wie als Nachtrag, Teile von *Jenseits von Gut und* Böse, ferner Einzelnes aus der *Götzendämmerung.*"[38] Bezeichnet man ihn als reinen Aphoristiker, reduziert man Nietzsche als Autor und tut ihm Unrecht. Ob nun das frühe Werk *Die Geburt der Tragödie aus dem Geiste der Musik,* seine umstrittene Biografie *Ecce Homo, Der Fall Wagner* oder *Also sprach Zarathustra* – diese Schriften sind neben weiteren nicht aphoristisch.

Und auch in seinen Aphorismenbüchern wie *Menschliches - Allzumenschliches* oder *Die fröhliche Wissenschaft* stehen längst nicht nur Aphorismen. Vielmehr stehen Aphorismen neben längeren Passagen, die man als essayistisch bezeichnen mag oder den Aphorismen folgen längere Erläuterungen oder Analysen.

Trotzdem: „Der Virtuose des Aphorismus wird Nietzsche, der, an den Franzosen geschult, ihn mit der Genialität des großen Sprachmeisters handhabt, ihn mit seinen Energien füllt und ihm doch durch befremdliche Wortwahl, allzu große Zuspitzung des Ausdrucks das Zeichen des Niedergangs aufprägt. Es erweist sich, daß der Aphorismus eine leicht verletzliche Stilform ist; es genügt sehr wenig an Verlust oder Zutat, um ihn zu zerstören."[39] Ob diese Charakterisierung stimmt oder nicht, wird sich im Teil 2.3 und im Schlussteil dieser Arbeit herausstellen.

Spricht man von der Entwicklung des Aphorismus im Deutschen, sollte man das Büchlein *Aphorismen* von Marie von Ebner-Eschenbach nicht vergessen. Ihr Buch erinnert stark an das Vorbild der französischen Moralisten. Hier finden sich wie bei La Rochefoaulds *Réflexions ou sentences et maximes morales* ausschließlich Aphorismen, die selten über zwei Zeilen Text einnehmen. Ebner-Eschenbach beschäftigt sich in ihren Aphorismen oft mit der menschlichen Natur. Einige Beispiele:

- Ein Urteil läßt sich widerlegen, aber niemals ein Vorurteil.[40]
- Mitleid ist Liebe im Negligé.[41]
- Die bedauernswertesten Menschen sind diejenigen, welchePflichtgefühl besitzen, aber nicht die Kraft, ihm zu genügen.[42]

---

[38]Ralph-Rainer Wuthenow: Europäische Bücher, europäische Luft. Friedrich Nietzsche und die Tradition der europäischen Moralistik, S.190.
[39]Paul Merker, Wolfgang Stammler: Reallexikon der deutschen Literaturgeschichte, Bd. 1, S.95.
[40]Marie von Ebner-Eschenbach: Aphorismen, Reclam Stuttgart 1988, S.3.
[41]ebd. S.5.
[42]ebd. S.22.

Abschließend möchte ich noch auf die Aphorismen Franz Kafkas (1883 – 1924) aufmerksam machen. Diese sind über sein gesamtes Werk verteilt und nur in Sammlungen zusammen gefasst, z.B. in *Kafkas Geheimnis*[43]. „Seine...über das ganze Werk verstreuten Sätze spiegeln die Problematik des nach innen gewandten ungesicherten und einsamen Menschen"[44]:

- Von einem gewissen Punkt an gibt es keine Rückkehr mehr. Dieser Punkt ist zu erreichen.

- Alle menschlichen Fehler sind Ungeduld, ein vorzeitiges Abbrechen des Methodischein scheinbares Einpfählen der scheinbaren Sache.

2.3 Nietzsche und die europäische Tradition

Bisher wurde die europäische Tradition des Aphorismus und seine Entwicklung im Deutschen dargestellt. Nun gilt es, Friedrich Nietzsche und seine aphoristischen Werke in diese Tradition einzuordnen.

Wie schon erwähnt ist Nietzsche Aphoristiker in einer Schaffensphase (siehe oben) . Die Frage, die sich als erstes stellt, ist, warum Nietzsche gerade auf die aphoristische Form zurückgreift?

Aufschluss darüber kann ein Zitat aus *Der Fall Wagner* liefern:

Was heute gut gemacht, meisterhaft gemacht werden kann, ist nur das Kleine.[45]

Nietzsche sieht also im Verfassen von Aphorismen für sich die Möglichkeit, diese Form zu perfektionieren und damit etwas Meisterhaftes zu schaffen. Bei dieser Form kann er jedes Wort, jeden Satz, jedes Zeichen bis zu einem gewissen Grade optimieren. Diese Möglichkeit, dieses Talent verdankt der Aphorismus nur dem Umstand, dass er kurz ist.

Das sieht auch Nietzsche, wenn er in *Götzen-Dämmerung* schreibt:

„Der Aphorismus, die Sentenz, in den ich als der Erste unter Deutschen Meister bin, sind die Formen der „Ewigkeit"; mein Ehrgeiz ist, in zehn Sätzen zu sagen, was jeder andre in einem Buche sagt, - was jeder andre in einem Buche nicht sagt..."[46].

Mit diesem Ausspruch sind Nietzsches Motive für die aphoristische Form dargelegt. Er sieht sich als der „deutsche" Meister dieser Gattung und mit ihr die Möglichkeit, etwas von Dauer zu hinter-lassen. Für ihn ist es eine große Leistung, in wenigen Sätzen zu sagen, wofür andere Autoren ein ganzes Buch benötigen. Dabei nutzt Nietzsche die verschiedenen Variationen des Aphorismus, wie sie die europäische Tradition bereitstellt: die Sentenz, vermutende /

---

[43]Konrad Dietzfelbinger: Kafkas Geheimnis, Freiburg 1987.
[44]Paul Merker, Wolfgang Stammler: Reallexikon der deutschen Literaturgeschichte, Bd. 1, S.95/96.
[45]Friedrich Nietzsche: Der Fall Wagner, in: Sämtliche Werke. Kritische Studienausgabe in 15 Bänden, hrsg. von Giorgio Colli und Mazzino Montinari, München 1980, Bd. 6, S.48.
[46]Friedrich Nietzsche: Götzen-Dämmerung. Sämtliche Werke in zwölf Bänden, Stuttgart 1964, Bd. VIII, S. 174.

fragende / appelative Anrede, Parodie (z.B. von Vorurteilen, Sprichwörtern, Redewendungen) und Wortspiele.

In *Europäische Bücher, europäische Luft. Friedrich Nietzsche und die Tradition der europäischen Moralistik* von Ralph-Rainer Wuthenow (siehe oben) wird immer wieder betont, dass sich Nietzsche wiederholt auf die europäische Tradition beruft, insbesondere die der französischen Moralisten. Das Schrifttum Montaignes, La Rochefoucaulds und der Moralisten ist eine Literatur zwischen Philosophie, Kritik und Psychologie. Diese Charakteristika treffen auch auf Nietzsches aphoristische Schriften zu. Insofern steht er wohl in ihrer Tradition.

Allerdings gibt es Unterschiede: während die moralistische Literatur die Sitten und Unsitten des Menschen erfasst und beschreibt, ohne zu werten, verhält sich Nietzsche nicht so neutral. Zudem befassen sich die Moralisten viel mit soziologischen Themen, während Nietzsche auf gesellschaftliche Themen selten eingeht. Für ihn ist das Individuum, der Mensch, Dreh- und Angelpunkt seiner Überlegungen, was schon im Titel des aus vielen - aber nicht vollständig - aus Aphorismen bestehenden Werkes *Menschliches, Allzumenschliches* deutlich wird.

Wertend tritt Nietzsche zum Beispiel in *(5) Eine Erbsünde der Philosophen*[47] auf:

Die Philosophen haben zu allen Zeiten die Sätze der Menschenprüfer
(Moralisten) sich angeeignet und *verdorben...*

Wenn Nietzsche hier das Wort *verdorben* benutzt, nimmt er eine wertende Haltung ein. Es ist natürlich nichts Verwerfliches daran, eine wertende Position einzunehmen. Damit fällt Nietzsche ein Individualurteil, womit sich behaupten lässt, dass Nietzsche auch in der Tradition des englischen Aphorismus stehe.

Zudem ist *Eine Erbsünde der Philosophen* kein Aphorismus. Dafür ist die Passage zu lang (33 Zeilen in der Dünndruckausgabe) und der oben angegebene Eröffnungssatz wird eingehend erläutert (siehe oben: *Die Erläuterung ist der Tod des Aphorismus*). An diesem Beispiel zeigt sich wieder, dass in Nietzsches Werken - selbst in denen, die als *aphoristisch* verallgemeinert werden - keinesfalls nur Aphorismen zu finden sind.

Es gibt jedoch einige Aphorismen, die an den Stil der Moralisten erinnern. So lässt sich z.B. der Aphorismus 293 *Wohlwollende Verstellung* unter *Der Mensch im Verkehr* im Sinne von La Rochefoucaulds entlarvenden Verfahren lesen:[48]

---

[47]Friedrich Nietzsche: Vermischte Meinungen und Sprüche, in: Menschliches, Allzumenschliches. Ein Buch für freie Geister. Sämtliche Werke in zwölf Bänden, Stuttgart 1964, Bd. III, S. 14.
[48]vgl.: Ralph-Rainer Wuthenow: Europäische Bücher, europäische Luft. Friedrich Nietzsche und die Tradition der europäischen Moralistik, S.201.

Wohlwollende Verstellung. - Es ist häufig im Verkehre mit Menschen eine wohlwollende Verstellung nötig, als ob wir die Motive ihres Handelns nicht durchschauten.[49]

Wie dieses Beispiel zeigt, finden sich bei Nietzsche Aphorismen nach Art und Qualität der französischen Moralisten (siehe oben: La Rochefoucauld). Zugleich tritt er aber aus der Tradition der französischen Moralistik heraus, da er

1. einen vergleichsweise rüden, sehr direkten, teils unhöflichen Ton pflegt
2. seinen aphoristisch knappen Ansätzen oft Erläuterungen folgen lässt
3. sicht nicht mit gesellschaftlichen Themen auseinandersetzt.

„Er löst sich paradoxerweise aus der Tradition, die er für sich reklamiert."[50] Das Paradoxe ist für Nietzsche nun nichts Ungewöhnliches. Es scheint, als wolle er sich jeglicher Festlegung oder Charakterisierung bewusst entziehen. Er ist nicht der systematische Denker und Autor. Aus diesem Grund verwundert es nicht, dass er gerade auf die aphoristische Form zurückgreift. So entzieht sich Nietzsche der Systematisierung und der Einordnung in eine „Schublade".

Obwohl Nietzsche seinen Aphorismen oft Erläuterungen folgen lässt und noch andere Darstellungsformen für sein Schrifttum nutzt, lässt sich dennoch sagen: „Nietzsche ist sehr wohl Aphoristiker: Nicht die logisch konsequente, die strenge und Lücken nicht lassende, deduzierende Gedankenfolge fasziniert ihn, es geht ihm um die Prägung und Ausformung des einzelnen Gedankens."[51]

---

[49]Friedrich Nietzsche: Menschliches, Allzumenschliches. Ein Buch für freie Geister. Sämtliche Werke in zwölf Bänden, Stuttgart 1964, Bd. III, S.236.
[50]Ralph-Rainer Wuthenow: Europäische Bücher, europäische Luft. Friedrich Nietzsche und die Tradition der europäischen Moralistik, S.199.
[51]ebd. S.191.

3. Schluss

Ob Friedrich Nietzsche nun wirklich der Virtuose und Meister des deutschsprachigen Aphorismus ist, wie es das Zitat in 2.2.2 behauptet, sei dahingestellt. Um dies zu beurteilen, spielen subjektive Kriterien eine zu große Rolle. Er steht zumindest weit oben an der Spitze, doch sollte man die Aphorismen von Marie von Ebner-Eschenbach nicht außer Acht lassen. Sie sind auch meisterhaft geprägt und vor allem wirklich im Stile der Moralisten wie La Rochefoucauld verfasst.

„Es erweist sich, daß der Aphorismus eine leicht verletzliche Stilform ist; es genügt sehr wenig an Verlust oder Zutat, um ihn zu zerstören." (siehe Zitat in 2.2.2) Dieser Teil des Zitats hat sich bewahrheitet. Der Aphorismus ist wirklich eine leicht verletzliche Gattung. Schreibt man auch nur ein wenig zu viel, erläutert, erörtert oder erklärt, handelt es sich nicht mehr um einen echten Aphorismus. Dies verhält sich so auch bei Nietzsche. Oft lässt er einem aphoristisch knappen Ansatz eine Erläuterung folgen. Vielleicht traute er seinen Lesern nicht zu, seine Sätze angemessen auszulegen. An einem überaus großen Selbstbewusstsein, auch an Überheblichkeit, hat es ihm nicht gemangelt. Jedenfalls befindet er sich oft nicht mehr auf dem Gebiet der Aphoristik.

Das Besondere bei Nietzsche ist, dass er einen ganz persönlichen Stil in Bezug auf Aphorismen ausbildet: mal wortgewaltig, mal ironisch, spitz und forsch gesprochen und sehr direkt. Man könnte sagen, dass ihn diese Fähigkeit zu einem Meister der Gattung des Aphorismus macht. Doch gleichzeitig handelt es sich aus diesem Grund bei vielen seiner Sätze nicht mehr um Aphorismen: Nietzsche schmückt zu sehr aus und schreibt zu viel.
In einem gewissen Maße steht er in der Tradition der französischen Moralisten, doch lassen sich auch Merkmale englischer Autoren (Bacon, Hazlitt) bei ihm finden, so wie auch Elemente deutscher Autoren wie Lichtenberg. Von den Engländern übernimmt er etwa das Individualurteil und von Lichtenberg, auch wenn sich das nicht beweisen lässt, das Element (die Form), seinen Aphorismen die Themen voranzustellen. Er steht also in einer Tradition. Aber ist dies nicht mehr als nur natürlich? Es ist schwer, sich einer Tradition zu entziehen. Wir übernehmen sie unbewusst und unwissentlich. Der Tradition kann man nicht entgehen. Nietzsche führt die Tradition fort, aber versieht sie mit seinem persönlichen Stil. Dabei bedient er sich des Repertoires, wie es die europäische Tradition bereitstellt.
Was heute gut, meisterhaft gemacht werden kann, ist nur das Kleine - Diese Feststellung Nietzsches scheint besonders heute, wo die Spezialisierung der Professionen sehr weit vorangeschritten ist, aktuell. Das Ideal einer universalen Bildung, das vielleicht noch

Gottfried Wilhelm Leibniz erreichte, ist heute kaum noch zu verwirklichen. Umso mehr gilt es, sich auf eine Sache zu spezialisieren und diese Materie bestmöglich zu beherrschen. Dies könnte auch in literarischen Fragen der Fall sein.

Diese Feststellung Nietzsches ist auch literaturphilosophisch interessant. Nehmen wir irgendeine andere, größere Gattung bzw. Form - sei es nun ein Roman oder eine Komödie - als Beispiel: kann in ihnen wirklich jeder Satz perfekt sein? Jeder sinnvoll und nicht überflüssig? Wahrscheinlich ließe sich immer etwas verändern oder redigieren. Und wahrscheinlich ist deswegen jeder Autor selbst sein größter Kritiker, da er sich in seinem Werk so gut auskennt, dass er die Schwachstellen erkennt. Als Leser nimmt man eine andere Perspektive ein und erkennt vielleicht andere Schwachpunkte. Doch müsste der Leser das Werk viele Male durcharbeiten, um auf Makel zu stoßen, die dem Autor von vornherein klar sind.

Zum Schluss will ich noch einmal betonen, dass die aphoristische Gattung für Nietzsche das optimale Stilmittel ist, da sie seinem Denken entgegenkommt. Friedrich Nietzsche hat stets Zweifel am systematischen Denken. Vielleicht, weil er selber unsystematisch vorgeht. Er sucht sich scheinbar willkürlich seine Themen aus und analysiert sie dann mit seinem großen Intellekt. Heraus kommen oft wirklich geistreiche und tiefgründige Gedanken, die uns besonders in seinen Aphorismen überliefert sind.

Nietzsche will sich jeglicher Analyse oder Systematisierung entziehen. Mit Hilfe seiner Aphorismen gelingt ihm dies: greifbar wird er so lediglich als Autor, aber als Person und Mensch bleibt er undurchsichtig und ungreifbar.

Literaturverzeichnis

1) Ebner-Eschenbach, M.: Aphorismen. Reclam, Stuttgart 1988.

2) Dietzfelbinger, Konrad: Kafkas Geheimnis, Freiburg 1987.

3) Die Aphorismen des Hippokrates nebst der Glossen eines Homöopathen. Hrsg. von C. v. Bönninghausen, Leipzig 1863.

4) Erasmus von Rotterdam: Adagia. Lateinisch, deutsch, Reclam 2000.

5) Goethe, J. W.: Maximen und Reflexionen. Frankfurt a.m. und Leipzig 2003.

6) Herkunftswörterbuch. Herkunft, Geschichte und Bedeutung der Wörter. Sonderausgabe. Gütersloh 2005.

7) Lichtenberg, C.: Die Aphorismenbücher, hrsg. Von Albert Leitzmann, Frankfurt a.M. 2005.

8) Mautner, F. H.: Der Aphorismus als literarische Gattung. In: Der Aphorimus. Zur Geschichte, zu den Formen und Möglichkeiten einer literarischen Gattung. Hrsg. von Gerhard Neumann, Darmstadt 1976.

9) Merker, P., Stammler, W.: Reallexikon der deutschen Literaturgeschichte, Bd. 1, 2. Auflage, Berlin 2001.

10) Montaigne, M.: Essais. Erste Moderne Gesamtübersetzung von Hans Stilett. Hrsg. v. Hans Magnus Enzenberger, Frankfurt a.M. 1998.

11) Nietzsche, F.: Der Fall Wagner, in: Sämtliche Werke. Kritische Studienausgabe in 15 Bänden, hrsg. von Giorgio Colli und Mazzino Montinari, Bd. VI, München 1980.

12) Nietzsche, F.: Götzen-Dämmerung. Sämtliche Werke in zwölf Bänden, Bd. VIII, Stuttgart 1964.

13) Nietzsche, F.: Menschliches, Allzumenschliches. Ein Buch für freie Geister. Sämtliche Werke in zwölf Bänden, Bd. III, Stuttgart 1964.

14) Nietzsche, F.: Vermischte Meinungen und Sprüche, in: Menschliches, Allzumenschliches. Ein Buch für freie Geister. Sämtliche Werke in zwölf Bänden, Bd. III., Stuttgart 1964.

15) Regimen Sanitatis Salernitanum.

16) Wuthenow, R.-R.: Europäische Bücher, europäische Luft. Friedrich Nietzsche und die Tradition der europäischen Moralistik. In: Für einen realen Humanismus. Festschrift zum 75. Geburtstag von Alfred Schmidt, hrsg. v. Wolfgang Jordan und Michael Jeske, Frankfurt a.M. 2006.

Internetquellen

1) www.aphorismen.de [Stich-/Suchwort: Bacon, Montaigne]

2) www.balthasar-gracian.de [Stich-/Suchwort: Gracian]

3) www.brainyquote.com [Stich-/Suchwort: Hazlitt]

4) www.luminarium.org [Stich-/Suchwort: Bacon]

5) www.michel-montaigne.de [Stich-/Suchwort: Montaigne]

6) www.spiegel.de [Stich-/Suchwort: Projekt Gutenberg und Lichtenberg]

7) www.unmoralische.de [Stich-/Suchwort: Chamfort]

8) www.williamhazlitt.org [Stich-/Suchwort: Hazlitt]

9) www.zitate-online.de [Stich-/Suchwort: La Rochefoucauld]